MIXTE
Papier issu de sources responsables
FSC® C007972

Quatrième édition, février 2022.

18, rue de l'Ouvrage
5000 Namur (Belgique)
www.editionsnordsud.com

Traduction française de Géraldine Elschner
Titre original : Der Regenbogenfisch kehrt zurück

ISBN 978-2-8311-0133-0
D/2022/3712/12

Imprimé en Chine

Marcus Pfister

Arc-en-ciel

et le diamant bleu

NordSud

La mer est agitée ce matin.
Une tempête se prépare
et tous les petits poissons aux écailles scintillantes
sont allés se réfugier au creux des rochers.
Tous sauf Arc-en-ciel et son ami Colinot.
– Viens vite ! s'impatiente le petit poisson rayé.
Il faut rentrer !
– Vas-y, je te suis, répond Arc-en-ciel.
Je ramasse juste quelques pierres.
Elles sont si jolies, on dirait des diamants bleus !
– D'accord, mais dépêche-toi, c'est dangereux !
insiste Colinot en s'éloignant à contrecœur.

Arc-en-ciel est bien trop occupé pour avoir peur !
Mais tandis qu'il ramasse une dernière petite pierre,
un violent remous secoue le fond de l'océan.
Et voilà le petit poisson entraîné
dans un terrible tourbillon !
Il lutte de toutes ses forces pour lui résister,
mais en vain.
Le courant l'emporte et le fait tournoyer si fort
qu'il en est tout secoué.

Lorsqu'il revient à lui, la tempête s'est calmée.
Tout étourdi, Arc-en-ciel regarde autour de lui.
Où peut-il bien être ?
Il n'en a aucune idée.
L'eau est encore si trouble qu'il distingue à peine
ses propres nageoires.
Doucement, il avance à l'aveuglette, quand soudain…
– Aïe !
Quelque chose lui pique le ventre.
– Regarde donc où tu vas ! crie au même instant
une petite voix.
Qui peut bien être caché là ?

Dès que l'eau s'éclaircit,
Arc-en-ciel découvre entre les cactus
un poisson-hérisson, rond comme un ballon,
qui l'observe, tout apeuré.
– Qui… Qui es-tu ? bredouille ce dernier.
Je ne t'ai encore jamais vu.
– C'est normal, je ne suis pas d'ici.
Arc-en-ciel lui raconte comment l'énorme tourbillon
l'a entraîné loin de chez lui,
et, rassuré, le petit poisson-hérisson sort de sa cachette.
– Je ne peux malheureusement pas t'aider
à retrouver tes amis, mais allons voir les coquillages,
ils connaissent bien les environs.

Bientôt, ils aperçoivent un grand coquillage
entre les algues.
– Je connais un banc de petits poissons,
dit-il quand Arc-en-ciel lui a raconté son aventure,
mais ils n'ont pas d'écaille scintillante.
Ils sont rayés.
– Des poissons rayés ? J'en connais un aussi !
Il s'appelle Colinot et vit avec nous
depuis qu'il a perdu sa famille.
– Eh bien, allons les voir, dit le coquillage,
ils pourront peut-être t'aider.
Suis-moi, je vais te montrer le chemin.

– Me montrer le chemin ? s'étonne Arc-en-ciel.
Tu n'as ni queue ni nageoires,
comment peux-tu te déplacer ?
– Tu vas voir.
Le voilà qui ouvre tout grand les valves de sa coquille,
puis… clap ! les referme d'un seul coup
pour se propulser en avant. Quelle adresse !
Arc-en-ciel n'en croit pas ses yeux.
– Au revoir, et merci encore !
crie-t-il au petit poisson-hérisson
avant de s'élancer derrière son nouveau guide.

– Voilà, nous y sommes, dit le coquillage
au bout d'un moment.
Arc-en-ciel frissonne.
Le paysage est étrange…
on se croirait à l'intérieur d'une grotte.
– Et… où sont les poissons rayés ? s'inquiète-t-il.
– Regarde bien… murmure le coquillage.
Et plus fort, il ajoute :
– Venez donc, n'ayez pas peur !
Arc-en-ciel est un ami.
Alors, entre les stalagmites,
des silhouettes sortent de l'ombre…

Arc-en-ciel retient son souffle.
Peu à peu, il discerne les poissons qui s'approchent, de plus en plus nombreux, mais…
– Oh, vous n'êtes pas comme mon ami Colinot! remarque-t-il, déçu.
– Tu sembles connaître nos cousins verts à rayures jaunes.
Si tu veux, nous pouvons te conduire jusqu'à leur rocher.
Arc-en-ciel les suit sans hésiter.

De loin, il reconnaît le banc de petits poissons verts.
Cette fois, ils ressemblent trait pour trait à Colinot.
Quand Arc-en-ciel leur apprend que leur ami va bien,
la joie est grande !
Ils le croyaient perdu depuis si longtemps.
Mais quand il leur demande s'ils savent où vivent
les jolis poissons aux reflets d'argent,
tous secouent tristement la tête.
Ils n'en ont pas la moindre idée...

Arc-en-ciel est désespéré.
Personne ne peut l'aider!
Il va falloir qu'il reparte tout seul,
dans cette mer immense…
– Adieu, et merci quand même! soupire-t-il.
Mais en faisant demi-tour,
il remarque une petite pierre bleue
restée coincée sous sa nageoire.
– Tenez, je vous l'offre
en souvenir de notre rencontre,
dit-il en tendant son joli trésor aux poissons.

– Un diamant bleu ! murmure l'aîné des poissons.
Je sais d'où il vient.
Ces pierres précieuses sont très rares,
on ne les trouve qu'à un seul endroit.
– Un seul endroit ? jubile Arc-en-ciel.
Dans ce cas, tu peux peut-être m'y conduire ?
J'habite tout près de là !

Ensemble, les voilà partis pour le pays des diamants bleus.
Soudain, des petits points lumineux apparaissent au loin.
– Regardez, ce sont mes amis !
Ils étaient à ma recherche !

Tout le monde est enfin réuni ! Quel bonheur !
Alors, l’océan se met à résonner
de rires et de cris de joie, et la fête se poursuit,
longtemps dans la nuit…